Alimenter et entretenir son compost

Les autres procédés de compostage

Récolter et utiliser

Sommaire

Le principe du compostage

Pour obtenir un bon compost, mieux vaut connaître un peu les mécanismes qui entrent en œuvre. Cela vous évitera de commettre des erreurs et vous parviendrez à obtenir le fertilisant idéal !

Rien ne se crée, rien ne se perd...

Le compostage n'a rien de bien compliqué. Familiarisez-vous avec les phénomènes mis en jeu afin d'obtenir un produit presque parfait !

De l'organique à l'inorganique

Schématiquement, la décomposition des matières organiques (surtout végétales) consiste à restituer leurs composants minéraux. C'est la raison pour laquelle le compost est le meilleur fertilisant qui soit : ce qu'il apporte correspond aux besoins de toutes les cultures, sans risque de surdosage, et en apportant tous les nutriments nécessaires au sol.

Les racines exploitent les ressources du milieu grâce à leurs poils absorbants. Ces derniers sont très nombreux lorsque les racines explorent le compost !

Un compost est très différent d'un terreau acheté dans le commerce. Ce dernier est souvent composé de tourbe, à laquelle on rajoute des engrais chimiques, du sable et un peu de "colorant", de la vase noire ou des résidus dans le pire des cas (boues d'épuration des eaux, etc.). Ce n'est pas un produit vivant, à la différence du compost. Dans tout jardin, et même si vous n'êtes pas adepte du bio, vous aurez intérêt à ce que votre sol soit vivant.

Azote et carbone

Le compost mûr apporte à la terre une quantité d'éléments nutritifs, en particulier des formes variées d'azote, de carbone et de bien d'autres composés

Le tas comporte des strates de plus en plus riches en humus à mesure qu'elles vieillissent.

(magnésium, calcium, fer, etc.). Pour un usage optimal, un compost doit être équilibré, c'est-à-dire qu'il ne doit pas comporter trop d'azote par rapport au carbone. Cette caractéristique, très utilisée en agronomie, est appelée "rapport carbone/azote" (C/N). Un bon compost a un rapport C/N de 30 environ, ce qui correspond à un bon mélange de feuilles (riches en azotes) et de tiges (riches en carbone). Trop de feuilles conduiraient à un compost au rapport C/N faible, agissant plutôt comme un fertilisant azoté. Au contraire, trop de tiges déséquilibreraient ce rapport, et le compost n'aurait pas autant de valeur nutritive. Il faut donc un peu de tout pour faire un bon compost. Plus les apports seront variés, meilleure sera sa qualité !

Les épluchures et autres déchets de cuisine contiennent de nombreux éléments très favorables à la croissance des végétaux, mais il faut qu'ils soient libérés : c'est la décomposition.

Les bienfaits du compost

Aux terres pauvres, il apporte de la matière organique, qui est indispensable à la formation d'humus. Le compost remet la terre au travail, favorise l'activité des vers de terre, qui l'enfouissent en profondeur et aèrent la terre.

Aux sols argileux, il apporte de la légèreté : il les décompacte de façon pérenne. À utiliser sans modération.

Aux sols calcaires, il donne de la texture et limite l'action néfaste à haute dose du calcium présent dans le sol.

Sur un plan écologique, le compost est très favorable. Il réduit la quantité de déchets et les valorise directement au jardin. Le jour où le ramassage des ordures ménagères sera facturé au poids, comme en Allemagne, il faudra s'y mettre pour réduire la note !

BON À SAVOIR

Pour toute surface

Tous les jardins peuvent accueillir un composteur. Voir notre sélection d'astuces pour petits jardins en page 50.

Du temps et des alliés pour décomposer

La formation d'un compost est favorisée par de nombreux trucs et astuces, que nous vous présentons au cours de ce livre. Même le plus maladroit des jardiniers pourra toujours obtenir un bon compost, s'il est patient.

Au jardinier patient, le meilleur compost

La nature travaille lentement, même si on peut favoriser les conditions pour augmenter la cadence. Songez qu'une souche abattue par la tempête, sans intervention de l'homme, mettra plus de 200 ans avant que la dernière trace n'en disparaisse ! Les parties tendres des végétaux, comme les feuilles les plus molles (celles de salade, par exemple) se décomposent en l'espace de quelques semaines. Entre ces deux extrêmes, il y a une grande variété de situations. Moyennant un broyage fin des végétaux et un entretien régulier, le jardinier amateur obtiendra un bon compost en 12 à 18 mois.

Certains composteurs permettent d'obtenir un produit utilisable en 6 mois seulement, grâce à un brassage quotidien. Mais le jardinier moyen n'ayant pas vraiment le temps de s'y consacrer tous les jours, mieux vaut compter le double ou le triple de ce temps, avec un composteur de taille et de forme classiques (voir pages 14 et 16).

Opération réduction

La décomposition des matières organiques suit plusieurs étapes, dont l'ultime les réduit à l'état de matières chimiques simples, utilisables par les racines des végétaux. Entre temps, la taille des matières compostées aura diminué. Les morceaux de plusieurs centimètres de longueur (quand ce ne sont pas des branches entières) sont dépecés par les organismes vivant dans le compost jusqu'à ne plus être que des bribes. Cette phase est l'œuvre des petits animaux, en particulier les cloportes,

Pour gérer le temps

Comment faire pour laisser le compost mûrir pendant un an, alors que les déchets sont produits tout au long de l'année ? Tout simplement en installant au moins deux composteurs côte à côte, dont l'un sera laissé à mûrir pendant que l'autre sera rempli, à tour de rôle. Cette solution semble un peu contraignante mais se révèle vite indispensable. Dans les petits jardins, où la place est comptée, il vaudra mieux diviser en deux le compartiment du composteur, en ajoutant une paroi à l'intérieur.

Le ver rouge du compost est un cousin du lombric, spécialisé dans la transformation des vieilles épluchures et "l'élevage" des bactéries : il n'y a pas de sot métier !

Les cloportes abondent dans le composteur et en triturant les déchets, ils rendent un très grand service.

Quoi que l'on mette sur le compost, il se formera toujours cette matière précieuse. Mais il faudra plus ou moins de temps...

les mille-pattes et les staphylins, qui s'éclipsent avant qu'on ait le temps de les observer de près. Sans eux, les matières organiques se réduiraient bien plus lentement.

Mais même à l'état de bribes (à l'œil nu, on ne peut pas identifier de quel déchet il s'agissait à l'origine), la matière organique n'a pas changé de nature chimique. Elle n'est pas assimilable par les végétaux, qui ne se "nourrissent" que de sels minéraux. Ce sont d'autres organismes, invisibles à l'œil nu, qui se chargent de cette deuxième série de transformations. Les bactéries digèrent les fines particules pour les réduire à l'état de matières minérales et donnent au compost ses vertus fertilisantes. Ces bactéries sont invisibles, car elles sont très petites, mais surtout parce qu'elles vivent dans l'estomac des vers rouges !
En digérant le compost, ils l'aèrent et l'ensemencent de bactéries.

De l'air, de l'eau !

On entend parfois dire que pour se former, le compost fermente. C'est faux et c'est même l'inverse : pour bien mûrir, notre tas a besoin d'oxygène ! Il lui faut aussi être humide.

Une bouffée d'oxygène

La décomposition qui s'opère dans un composteur est dite "aérobie", c'est-à-dire qu'elle a besoin d'une aération minimale pour se dérouler. Une estimation scientifique a montré qu'un compost non mature très humide a un grand besoin d'oxygène, équivalant à un litre d'air par kilo et par heure ! Sans cela, il s'agit d'une fermentation, c'est-à-dire une décomposition anaérobie. La différence est facile à détecter : quand cela sent mauvais, c'est que c'est anaérobie ! La fermentation fait intervenir des bactéries différentes, qui n'ont pas besoin d'air pour se développer. Mais elles produisent des gaz malodorants, comme le méthane ou l'hydrogène sulfuré.
La fermentation décompose moins efficacement les matières que la décomposition aérobie. Si le tas de compost manque d'air, on perd du temps, de la qualité et on gagne des effluves repoussants !

Arrosez en pluie sur le tas s'il se dessèche en surface. Couvrez-le ensuite d'un plastique, si le temps sec perdure.

Le détail des opérations à mener pour bien aérer votre compost est présenté page 26, mais il est important, dès le départ, de garder à l'esprit qu'il faut brasser le tas. Retournez et mélangez avec une fourche les matières mises à décomposer, pour les décompacter et les homogénéiser. C'est une opération qui peut être pénible si on a mal conçu le composteur ou que l'on a acheté un modèle peu pratique. Vous devez pouvoir facilement accéder au tas, sans avoir à vous contorsionner !

Ni sec ni trempé

Autre point clé d'un bon compostage : l'humidité.
Si les matières sont sèches, elles ne se décomposeront pas, ou alors très lentement. Si l'eau n'est présente qu'en quantité limitée, ce sont surtout les champignons qui se développeront dans le tas. Ils agissent comme des décomposeurs et à ce titre leur rôle est positif. Mais à eux seuls, ils ne produiront qu'un compost un peu fibreux, pas complètement mûr.
L'humidité idéale d'un tas de compost s'apparente

Visiblement très sec, ce tas de compost ne sera pas mûr avant un moment…

à celle des sacs de substrat que l'on achète dans le commerce : bien frais au toucher, mais pas détrempé. En serrant fort une poignée de compost dans la main, il doit en perler quelques gouttes. S'il se comporte comme une éponge, il contient trop d'eau : les échanges avec l'air sont mauvais, ce qui encourage la fermentation.

Veillez donc bien à ce que le compost ne manque pas d'eau, quitte à l'arroser si le tas se dessèche en été. Mais évitez qu'il n'accumule trop d'eau, en brassant le tas pour faciliter le drainage, en le protégeant des pluies (pas de composteur sous une gouttière !) et en équilibrant les matières à apporter (voir page 22).

En serrant très fort une poignée de compost, il ne doit s'en écouler que quelques gouttes, pas davantage.

Terreau, compost, humus : quelle différence ?

Le compost désigne de façon générale le résultat de la décomposition de matières organiques solides. L'humus en est la composante la plus active sur le plan biologique et lui donne sa couleur foncée. Le terreau, à l'origine, correspond à la couche supérieure du sol en forêt, mais a ensuite désigné le compost de feuilles. Par abus de langage, le terreau est maintenant un substrat de culture que l'on achète dans le commerce : ce n'est pas un compost et il contient rarement de l'humus !

Choisir et placer le composteur

Le composteur dépend de l'espace dont vous disposez, de l'emplacement choisi et de votre budget. Optimisez vos possibilités pour un meilleur résultat !

Le compost en tas

En vrac, c'est bien la façon la plus simple façon de mener son compost. Mais ce n'est pas la solution optimale, sauf pour les grands volumes de compost.

Le principe

Les matières à composter sont disposées en tas, à même le sol et sans autre forme de procédure. Cela ne vous dispense pas de broyer aussi finement que possible. En effet, le compost en amas a tendance à bien fonctionner au cœur de la meule. Plus on s'éloigne du centre, et plus les matières mettront de temps à se décomposer. Il faut donc veiller à les couper aussi finement que possible, même si les tiges sont herbacées (paille, tailles de plantes vivaces, etc.).

L'autre inconvénient de ce système tient à ce que les mauvaises herbes ont tendance à l'envahir sur les bords. D'expérience, on passe la tondeuse de plus en loin du bord du tas, au fur et à mesure que la végétation gagne sur la périphérie. Il s'en suit un inextricable fouillis, propice à la contamination du tas par des graines (orties, graminées, etc.).

Trop peu dense, ce tas ne va pas se décomposer vite, même si les tiges sont fines. Il faudrait prendre le temps de les recouper, pour gagner du temps de compostage et de la place.

Pour les déchets volumineux ou abondants

Le compost en tas est bien adapté aux situations dans lesquelles le volume de déchets à traiter est beaucoup trop important pour le placer dans une petite enceinte. Par exemple, lorsqu'on taille une très longue haie, les branches produisent un volume énorme. Il vaudrait mieux les broyer mais cela prend du temps lorsqu'on est mal équipé. Dans les très grands jardins, on peut se permettre de confectionner un tas énorme, à l'abri des regards.

Le brassage : on ramène en surface le fond du tas, de façon à ce que les strates se mélangent.

Un classique : le tas de compost, fait au printemps dans les herbes rases, est encerclé en été par les orties et compagnie en graines… À éviter ou au moins à couvrir par une bâche !

Il en va de même pour les feuilles : les brûler est une hérésie. Mieux vaut les entasser en amas important, quitte à les maintenir par du grillage de façon à ce que le vent ne les éparpille pas (voir page 15). Attention : dans ce cas comme dans le précédent, le tas devra être retourné au moins quatre fois dans la saison (en mars, mai, septembre et novembre par exemple). Sinon la décomposition ne sera pas homogène, même trois ans plus tard.

En résumé, le compost en tas est une bonne solution si l'on n'a pas le temps ou que le sol est imperméabilisé à cet endroit. Pour les volumes énormes, c'est de toute façon la seule solution. Pour les jardins classiques, on peut aussi voir cette méthode comme une solution transitoire : on laisse les matières se décomposer en tas le temps de construire un "vrai" composteur, pour ne pas perdre de temps. C'est la technique du précompostage.

ASTUCE

Broyage express

Pour broyer les feuilles mortes, il suffit de passer la tondeuse à gazon dessus, avec le bac ramasseur.
C'est un peu laborieux si la tondeuse est petite mais cela divise le temps de décomposition par deux… et le volume par quatre !

Fabriquer soi-même son composteur

Pas besoin d'être un grand bricoleur pour fabriquer un composteur. Il suffit d'un peu d'imagination... et d'idées pour camoufler son invention !

Palettes pas laides

Quatre palettes assemblées entre elles et délimitant un enclos carré : voilà qui est facile à faire... La contenance dépasse 1 m^3, ce qui est appréciable. Sept palettes formeront un double composteur, la paroi de séparation étant formée par l'une d'entre elles. Il est aussi possible de réaliser de très grands composteurs, par exemple en assemblant huit palettes (soit 4 m^3). Toutes les combinaisons sont autorisées ! Rapide et efficace dans bien des cas, ce système a l'avantage de ne rien coûter. Sur le plan de l'efficacité, ce n'est cependant pas l'idéal : trop espacées sur le côté, les planches ne peuvent empêcher le tas de se dessécher en été. Elles offrent un espace de liberté aux indésirables (le liseron en particulier), que l'on n'aime guère voir traîner à proximité du compost... La durée de vie de ce type de composteur est d'environ 5 à 6 ans et suscite rarement l'admiration sur le plan esthétique !

Avec des palettes de bois (non traité avec des produits toxiques) teintées, on affiche la couleur.

Si vous êtes un tout petit peu bricoleur, prévoyez de rajouter des planches sur le côté (récupérées d'autres palettes), afin de limiter autant que possible les lacunes. Mieux encore, construisez un composteur dans les règles de l'art, c'est-à-dire en disposant les planches comme des tuiles, de façon à ce que l'air puisse s'engouffrer sur les côtés du composteur par des fentes longitudinales.

Version grillagée

Il est bien sûr possible de fabriquer un composteur simplement en fixant du grillage à mailles pas trop grosses (5 cm de côté au maximum) sur des piquets solides. Cette solution est idéale pour les déchets volumineux et légers, emportés par le premier souffle de vent. Elle est assez gênante pour les déchets classiques, car les dents des outils se

Prévoyez un accès (une porte) sur une face entière du composteur en lattes de bois.

Un grillage rigide délimite un enclos dans lequel stocker des feuilles mortes.

coincent facilement au moment du brassage. En choisissant un grillage à petites mailles (1 cm de côté), vous empêcherez les rongeurs de venir y fouiner et y passer l'hiver, en toute tranquillité. Munissez-en aussi le fond pour éviter les terriers creusés en dessous.

Toutes les variantes sont possibles

Vous pouvez bien sûr choisir pour votre enclos d'autres matériaux : rondins superposés, claies fabriquées avec des tasseaux, grilles de récupération, etc.

BON À SAVOIR

Tenue de camouflage

Pour limiter l'impact visuel du composteur bricolé, garnissez-le d'une liane sobre, de préférence persistante. Il faudra qu'elle soit résistante à l'ombre si le composteur est placé à proximité de grands arbres. Dans ce cas, les chèvrefeuilles et le lierre sont tout indiqués.

Si vous le garnissez de végétaux persistants (qui gardent leurs feuilles en hiver), le composteur reste très discret.

Choisir pour bien acheter

Les modèles de composteurs du commerce sont nombreux, chacun ayant des avantages et des inconvénients. Déterminez bien vos besoins pour acheter à bon escient.

La taille

Le volume des composteurs préfabriqués est assez standard : les plus petits contiennent environ 300 l et les modèles contenant 1 m^3 ne sont pas légion. En général, les fabricants distinguent les petits modèles (300 l) et les grands (600 l). Dans un jardin de moins de 200 m^2, on pourra envisager un modèle de faible capacité, mais pour une surface supérieure, il faut penser au grand modèle. Celui-ci sera d'ailleurs nettement insuffisant dans le cas d'un grand jardin… ou d'une famille nombreuse. L'achat de plusieurs composteurs est alors indispensable, à moins d'opter pour une autre solution (un compost en tas ou fabriqué “maison”).

La trappe d'accès est quasiment indispensable !

Nous vous conseillons fortement de prendre le plus grand modèle. Les feuilles, les tailles et les tiges sèches représentent un volume assez conséquent dans tout jardin. Si la famille est nombreuse, il y aura beaucoup d'épluchures et de restes alimentaires à y apporter. De toute façon, plus le volume est grand, plus vous obtiendrez de compost !

Les détails qui comptent

La capacité de l'équipement n'est pas le seul critère à prendre en compte. Considérez également :

- **Les aérations** : mieux vaut un modèle un peu ajouré sur le côté qu'à parois pleines. Ces derniers on tendance à asphyxier le tas, donc à entraîner des odeurs.
- **L'ouverture** : sur le dessus, le couvercle doit se retirer ou s'ouvrir facilement, d'une seule main, de façon à faciliter le dépôt des déchets. Mieux encore, si le composteur peut s'ouvrir complètement sur un des côtés, il sera plus facile d'en brasser le contenu. Évitez par la même occasion les modèles trop hauts, dont on ne peut jamais correctement brasser le fond, à moins de mesurer deux mètres !
- **Les trappes d'accès** : le compost mûr se recueillant vers la base du composteur, la présence d'une trappe est la bienvenue. Mais elle n'est pas indispensable si le composteur peut s'ouvrir en entier sur un côté.

ɔmposteurs en plastique sont bon marché, : efficaces, mais laids !

En bois, les composteurs sont plus élégants, mais demandent un entretien régulier.

L'aspect esthétique est également très important. Un modèle élégant (il faut bien les chercher !) sera plus facile à placer que les simili-poubelles qu'on ne sait où cacher.

Bois ou plastique ?

Les composteurs en bois sont plus esthétiques que ceux en plastique, généralement noirs ou verts. Mais ils durent aussi moins longtemps que ces derniers, à moins d'être entretenus régulièrement, par la pose d'un vernis les rendant étanches aux écoulements. Ils sont aussi plus chers, mais en contrepartie, ils limitent les effets des intempéries (froid et sécheresse). À choisir en fonction de son budget...

Des composteurs insolites

Il existe des composteurs rotatifs, composés d'un tambour que l'on fait tourner à la manivelle. Réputés pour produire un compost en moins de temps que les autres, ils sont assez astreignants et coûtent bien trop cher par rapport aux modèles classiques (plusieurs centaines d'euros). Comme ils nécessitent tout de même six mois pour produire un compost de bonne qualité, l'investissement n'est pas rentable. Autre solution : le composteur à double paroi. Les côtés ne sont pas faits d'une paroi simple, comme dans les modèles classiques, mais de deux couches de plastique emprisonnant une couche d'air. Mieux isolé et fonctionnant de façon plus régulière, le compost est produit plus vite. Là aussi, l'investissement est important et il vaut mieux essayer d'isoler un composteur classique avec un isolant imputrescible.

Où placer son composteur ?

Une fois que le composteur est acheté ou fabriqué, il faut choisir son emplacement avec soin. L'endroit le plus reculé du jardin n'est pas forcément le plus adapté !

Pensez pratique

Avant de penser à ce qui est optimal pour la production du compost, réfléchissez à la manière la plus simple de le remplir. Si vous comptez l'alimenter avec les épluchures et autres déchets de cuisine, il est judicieux de ne pas le placer trop loin de la maison, par exemple à côté du local à poubelles. Trop éloigné, vous seriez obligé de vous munir d'un "seau à composteur", placé dans la maison ou aux abords immédiats, pour stocker les épluchures avant d'aller le vider.
Au contraire, si le récipient doit surtout recevoir des déchets de jardin, mieux vaut le placer au plus près de l'endroit où ils seront produits : potager, haies, etc. Mieux vaudra l'implanter aussi près que possible du broyeur de végétaux (avec une aire de travail à proximité), afin que l'ensemble soit vraiment pratique.

À l'abri des intempéries

Plus le composteur sera préservé des brusques variations de climat, mieux il fonctionnera. Il faut donc veiller à ne pas l'installer à l'endroit le plus chaud ou le plus froid du jardin, sous peine de perdre quelques semaines au cours d'un cycle. C'est à l'ombre des arbres, contre un mur, qu'il sera le mieux. Il est tout à fait possible de le

Les énormes tas de tontes de gazon produisent un abondant jus, qu'il vaut mieux recueillir sur une bâche et utiliser comme un engrais liquide.

Le tas au fond du jardin, idéal pour les déchets encombrants... mais pas pour les épluchures venues de la cuisine, trop éloignée.

À l'occasion, le composteur peut se transformer en plan de travail, pour rempoter et semer à la bonne hauteur...

placer dans un abri de jardin ou sous un auvent. Il faut alors vérifier que les matières ne soient pas trop sèches, et les arroser souvent. Si vous avez fabriqué votre composteur, couvrez le tas, en été pour limiter sa dessiccation et en hiver pour éviter qu'il ne soit trop exposé au froid.

Quel sol ?

Partout où cela est possible, il faut placer le tas de compost à même le sol, sur la terre nue. Les effluents du tas iront nourrir directement la terre, entretenant toute une faune à proximité, aidant à la décomposition du tas, en particulier les vers rouges. Cependant, certaines situations exigent de poser le composteur sur une surface dure ou imperméable.
À proximité des grands arbres en particulier, il faut isoler le tas, car les racines remontent dans le compost et "siphonnent" les éléments nutritifs au fur et à mesure de leur libération ! Lorsque le tas de compost est très grand ou que les matières sont très riches (cas des énormes tas de tontes de gazon), il vaut mieux isoler le compost, surtout s'il y a une rivière à proximité. Sinon les jus s'écoulant de l'amas rejoindraient le cours d'eau, participant à sa pollution par eutrophisation...

BON À SAVOIR
En toute saison

Il n'y a pas d'époque idéale pour commencer à remplir un composteur, bien que l'on recommande souvent de le débuter au printemps ou à l'automne. En hiver et en région froide, la décomposition ne s'initialisera qu'au redoux.

Le cycle d'un composteur

Idéalement, il se remplit au fur et à mesure, sans ajout trop massif et ce avec des matières équilibrées (molles et fibreuses, bien mélangées). On le remplit pendant six mois ou un an, puis on laisse mûrir le contenu, sans effectuer de nouvel apport (d'où l'utilité d'un second composteur pour prendre le relais). En le brassant régulièrement, le reste met six mois à mûrir, ce qui permet la récolte et la vidange du composteur. On recommence alors à le remplir, le cycle durant un an environ.

Alimenter et entretenir son compost

Conduire la transformation d'un tas de matières organiques en compost n'est pas bien compliqué. Cela demande surtout des interventions régulières, en douceur. À compost bien entretenu, ni lourdeur, ni pénibilité !

Tous les déchets compostables

Chaque foyer produit une quantité importante de matières qui pourraient aller dans un composteur. Car il y a bien plus que les épluchures à y apporter ! Vous pourrez y inclure les déchets de table, presque tous les déchets végétaux et bien d'autres choses.

Les déchets végétaux

En théorie, tous les restes végétaux peuvent être compostés, sauf s'ils comportent des maladies ou des graines. Reportez-vous en pages suivantes pour le détail car cette règle connaît de nombreuses exceptions. L'immense majorité des déchets verts peuvent sans restriction être apportés au tas. Il est impératif de réduire leur taille, soit au sécateur, soit au broyeur. Souvenez-vous que les déchets coriaces, comme les branches ou les parties ligneuses, riches en carbone, doivent être équilibrées avec des matières tendres (feuilles, etc.), riches en azote. Sinon, le compost mettra plus de temps à se former ou aura une texture décevante.

Les vieux légumes, s'ils sont sains, peuvent être incorporés à l'automne, au moment du grand nettoyage.

Les déchets de table

Mis à part les ossements, tous les déchets de table peuvent rejoindre le tas de compost, y compris les déchets carnés (gras, couennes...) et les restes inutilisés (pâtes, plats de légumes ou de féculents, fonds de boîte...). Si vous ne craignez pas les rongeurs, vous pouvez aussi y mettre les restes de viennoiseries et de pâtisseries périmés. Veillez simplement à bien équilibrer le tas de compost avec des apports de matières poreuses, car les restes de table sont très compacts. Par ailleurs, notre alimentation étant acide, il sera profitable d'apporter quelques pincées de chaux (amendement calcaire) par kilo de restes alimentaires.

Évitez en revanche d'y apporter les restes liquides (soupes, sauces), qui ont tendance à engorger le com-

Le carton aère le tas, surtout lorsque des matières collantes comme les tontes de gazon y sont apportées.

Les feuilles mortes peuvent être apportées sans limite. Certaines (chêne, platane...) mettent plus de temps que d'autres à se décomposer, mais ce n'est pas un obstacle à leur compostage.

post. L'avantage des restes alimentaires tient à leur décomposition rapide, qui libère de l'azote et stimule la décomposition des autres déchets. Mais ils ont aussi tendance à favoriser une fermentation (et donc les odeurs), si le tas n'est pas brassé correctement.

Les épluchures

Toutes les pelures de légumes sains peuvent être compostées. Usez des pelures d'agrumes avec modération : très acides et riches en composés aromatiques qui s'accumulent dans le compost, ils peuvent entraîner une légère toxicité pour les vers s'ils se trouvent en trop grande concentration. Les agrumes, en particulier les oranges et les mandarines, sont aussi riches en pesticides, comme le thiabendazole, qui ne se dégradent pas dans la litière et dont les effets sont dévastateurs sur les vers : selon la documentation de l'Union européenne, une concentration de 0,5 g de thiabendazole pur par kilo de compost tue la moitié des vers rouges en 2 semaines. Mieux vaut donc limiter les pelures de ces fruits, par exemple à 2 kg au total par an dans un composteur de 600 l. Brassez bien pour les "diluer" dans le tas.

Les emballages

Le carton ondulé brut (non imprimé, non glacé) et les boîtes à œufs valent la peine d'être incorporés au tas de compost, surtout si celui-ci est dense et devient pâteux. Ces matériaux aident l'air à circuler jusqu'au cœur de l'amas. Limitez en revanche le papier journal, qui se transforme en boule de pâte et ne ferait qu'empirer la situation. Placez également les "frites" d'emballage de colis postaux en maïs. Évitez en revanche les cagettes à fruits, qui ne sont pas adaptées au compostage.

Ce qui n'est pas compostable

Bien que l'on puisse placer de nombreuses matières dans un composteur, quelques-unes sont à éviter, soit parce qu'elles sont toxiques, soit parce qu'elles généreraient des maladies, ou tout simplement parce qu'elles ne se décomposent pas.

Les matières dures

Les os et les noyaux, en particulier, n'ont rien à faire dans un composteur, parce que leur temps de décomposition est bien trop long pour qu'on puisse en tirer quelque chose : il faut 5 ans pour qu'un noyau se dégrade, et les os ne se décomposent pas. Par contre, les arêtes de poisson sont très utiles, grâce au phosphore qu'elles contiennent, d'autant plus qu'elles se décomposent vite. Quant aux coquilles (huîtres, crustacés, etc.), elles ne se compostent pas. Vous pourrez les utiliser en amendement, en les épandant sur le sol une fois pilées.

Les polluants et contaminants

Bien des composés peuvent souiller un compost, voire limiter sa maturation. Inutile de prendre des risques !

Les matières imprimées : l'encre noire n'est pas toxique, et les encres colorées ne le sont que modérément, sauf si les imprimés sont anciens. Toutefois, le papier moderne contient de nombreux additifs dont il vaut mieux se passer.

Les antibiotiques et vermifuges : la litière des animaux de compagnie ne doit pas être compostée s'ils ont subi un traitement de ce type. Les antibiotiques risqueraient de faire apparaître des bactéries indésirables dans le compost, et les

Tontes de gazon : à mettre ou pas ?

Si la pelouse a reçu un traitement désherbant sélectif contre les mauvaises herbes (aux 2,4-D), jetez la tonte aux ordures ménagères car ce pesticide ne se dégrade pas, mais s'accumule dans le sol. Sinon, les tontes de gazon peuvent être incorporées au composteur, en petites quantités (une couche de 5 cm au plus tous les 15 jours) et en alternance avec d'autres matières fibreuses (tiges, broyat de branches). Vous pouvez aussi mettre les tontes de gazon à pré-composter en tas, et les apporter lorsque cette pâte a commencé à se décomposer, soit au bout de 6 à 8 mois.

Les tontes de gazon, si elles moisissent, peuvent être incorporées en quantités un peu plus importantes. Sinon, limitez les apports.

L'absinthe, interdite dans le composteur !

Les graines de la cardamine hérissée ont tôt fait de souiller le compost.

Celui-là, c'est un champignon pathogène qui l'a tué. Direction l'incinérateur !

> **BON À SAVOIR**
> **Dures de la feuille**
>
> On affirme parfois que certaines feuilles mortes ne se compostent pas, voire qu'elles sont toxiques pour le tas de compost (cas du noyer). L'expérience montre que rien n'interdit de composter des feuilles, quelle qu'en soit l'essence : tout est une question d'équilibre et de mélange !

restes de vermifuges tueraient les vers décomposeurs du compost. L'absinthe, qui est un vermifuge naturel, doit être exclue.

Les plastiques : cela tombe sous le sens, puisqu'ils ne sont pas biodégradables. Les sacs dits “compostables” sont le plus souvent faits de plastique qui se délite mais ne change pas de nature chimique, et les sacs en amidon de maïs ne se décomposent pas bien. Les deux sont à éviter.

Les pesticides : les plantes et récoltes traitées en contiennent des quantités non négligeables et ces composés chimiques s'accumulent dans le compost. C'est le cas du thiabendazole contenu dans les agrumes (voir page 23), mais aussi des anti-germinatifs dont les pommes de terre du commerce sont imbibées, etc.

Les huiles de friture : elles asphyxient le tas, en créant un film imperméable à la surface des déchets. Mieux vaut les apporter en déchetterie, dans le bac réservé aux huiles usagées.

Les plantes malades ou en graines

Contrairement à une affirmation courante, le tas de compost ne chauffe pas assez pour détruire les graines et les germes. Il n'y a que dans les installations professionnelles, de grande taille, que la température au cœur du tas est suffisante pour stériliser les graines. Chez l'amateur, il faudra donc éviter tout apport de plantes en graines, à moins que le compost ne soit appelé à être mis au fond des trous de plantation. Les plantes victimes de maladies contagieuses (les pommes momifiées par exemple) ne doivent pas être compostées, sauf à être sûr que le compost ne servira jamais aux plantes sensibles.

Conduire la formation du compost

Pour plagier une citation célèbre, on pourrait dire que brassage et arrosage sont les deux mamelles du compostage. Et encore, il ne faut arroser que si c'est nécessaire.

Remuer souvent

Le tas doit être brassé aussi souvent que possible. S'il a tendance à être trop dense, voire pâteux, il faudra donner quelques coups de fourche dedans chaque semaine. Si au contraire il est très peu dense (ou de très grande dimension), il sera plus raisonnable de le brasser deux à trois fois dans l'année. Ce n'est normalement pas une opération éreintante, car le compost se travaille facilement. Il n'existe aucune solution pour mécaniser ce travail (seuls les professionnels disposent de machines énormes retournant le compost). En hiver, le tas n'a pas besoin d'être remué, à moins qu'il ne chauffe un peu : si la température se maintient aux alentours de 15 °C, la décomposition ne se ralentit pas et il est possible de brasser le tas de compost.

Pour opérer, il suffit de soulever des mottes de compost et de les déliter en secouant la fourche. Ainsi le tas gagne en volume. Il faut aussi ramener le cœur du tas au-dessus du reste et mélanger.
Le coup de main vient très vite ! Un conseil cependant : équipez-vous d'une fourche légère et ergonomique : une poignée en bout de manche est très appréciable.

L'herbe coupée (à gauche) a un rapport C/N faible, contrairement aux copeaux de bois (à droite) qui ont un rapport C/N très élevé. Seul un mélange des deux offre un compost équilibré et limite le recours aux activateurs.

Contrôler l'humidité

Dans l'idéal, le tas de compost doit être couvert.
Si vous avez acheté votre composteur, il est sûrement équipé d'un couvercle : veillez à le laisser en place en permanence. Si vous avez fabriqué l'enceinte, vous obtiendrez de bien meilleurs résultats en couvrant le tas, avec une bâche opaque ou un bout de moquette épaisse.
À défaut, des cartons ou de vieilles planches éviteront au tas de se dessécher.

Décompactez le compost trop épais, pour éviter l'asphyxie.

Pour bien brasser le tas, faites "foisonner" le compost : son volume doit être bien plus important après le brassage qu'avant.

Arrosez le compost s'il sèche sur 10 cm d'épaisseur ou plus. Brassez-le ensuite et couvrez-le. Il peut être utile d'enlever le couvercle d'un composteur préfabriqué juste avant un orage, si le contenu s'est un peu asséché. De même, protégez de la pluie un amas qui serait déjà trop humide et découvrez-le par beau temps, afin que l'humidité se régule.

ASTUCE

La cheminée d'aération

Le cœur du mélange sera mieux ventilé si vous disposez un tuyau aérateur en son centre. Percez une longueur de tuyau en PVC (une section de descente de gouttière, par exemple), de trous larges d'au moins 2 cm de diamètre. Répartissez-les de façon à ce qu'ils soient plus nombreux vers le bas. Calez cette cheminée au centre du tas (elle doit bien évidemment rester vide pour que l'air circule). Remuer le tas sera toujours nécessaire, mais moins souvent.

Équilibrer la texture

Un compost de la bonne consistance se travaille mieux et pose moins de soucis de régulation d'humidité. C'est donc un aspect à bien travailler pour optimiser la production d'un composteur. Pensez donc à ajouter au compost des matières qui retiennent l'humidité (tontes de gazon, épluchures) ou qui, au contraire, aideront l'eau en excès à mieux s'écouler (cartons, boîtes à œufs, broyats).

Activer votre compost

Vous trouverez dans le commerce des activateurs de compostage, parfois proposés sous le nom (un peu racoleur) "d'accélérateurs de compostage". Ils peuvent être utiles, mais pas dans tous les cas.

Poudre magique ?

Un activateur de compostage est une poudre qui apporte de l'azote aux matières en décomposition. Comme on l'a vu, il peut en effet arriver que le rapport entre carbone et azote soit très déséquilibré au profit du premier. Les bactéries, face à autant de carbone à digérer, manquent d'azote (qui leur sert à fabriquer leurs protéines, entre autres). Dans ce cas, c'est la quantité d'azote, limitante, qui détermine la vitesse de décomposition. Apporter de l'accélérateur de compostage revient à supprimer cette limitation et joue donc efficacement son rôle dans ce cas. Mais si le rapport carbone/azote est correct, il ne sert à rien d'ajouter cet activateur, puisque ce n'est pas l'azote qui pose problème.

Les situations où l'azote manque sont peu fréquentes : compost fait majoritairement de bois broyé, de sciure, de copeaux, de tiges coriaces, de morceaux de branches...

Les feuilles mortes coriaces (platane, chêne et toutes les feuilles de persistants) sont globalement pauvres en azote, du moins pour assurer une décomposition rapide. Toutes ces matières sont riches en carbone (sous forme de lignine, le principal composant du bois) et un ajout de matière azotée leur sera bénéfique. L'ajout d'accélérateur en poudre peut diminuer leur temps de décomposition par deux, en le ramenant à un an.

Après ramassage, les feuilles mortes gagneront à être saupoudrées d'accélérateur de compostage.

Mais attention ! Les activateurs du commerce ne sont ni plus ni moins que des engrais très riches en azote, composés essentiellement de sulfate d'ammonium.

Si vous en ajoutez trop au compost, non seulement il ne se décomposera pas plus vite, mais vous risquez de dénaturer sa qualité.

L'azote ajouté sous forme de poudre va se retrouver dans les bactéries et donc dans le produit fini. Vous obtiendriez alors un compost

Saupoudrez l'accélérateur et remuez ensuite, et non l'inverse.

Sur les tas de tontes de gazon, l'accélérateur chimique est vraiment superflu car le matériau contient naturellement beaucoup d'azote disponible pour les bactéries.

BON À SAVOIR

La faim d'azote

En trop grande quantité, le bois en décomposition entraîne une forte demande d'azote pour les raisons exposées ci-contre. Riche en carbone, sa décomposition provoque un appauvrissement temporaire en azote (de plusieurs mois quand même !), car les bactéries en ont besoin pour dégrader les fibres du bois. Au pied des cultures, cela se traduit par une carence temporaire que l'on appelle "la faim d'azote". Mieux vaut donc ne pas laisser trop de matières ligneuses au pied des cultures, sous peine de les exposer à une moins bonne croissance.

trop riche en azote (et donc trop pauvre en potassium, phosphore, etc.). Il ne faut donc pas en abuser.

Un additif pas indispensable

On peut très bien obtenir un compost de bonne qualité sans recourir à ces poudres magiques. Il suffit pour cela d'apporter au compost de l'azote sous d'autres formes, plus élaborées (voir en pages suivantes). Il faut opérer dès que l'on met des matières ligneuses à décomposer, et non pas attendre que le composteur soit plein. Le compost commencera bien son cycle et il libérera assez tôt de l'azote. En effet, lorsque les premières fractions des débris végétaux sont décomposées, l'azote qu'ils contenaient, même en faible quantité, devient disponible pour les autres bactéries. Le phénomène s'auto-alimente, sauf quand le bois est vraiment très présent dans le tas et provoque une faim d'azote (voir l'encadré).

De bons additifs

Un compost mûr c'est bien, mais un compost complet, c'est mieux. Pour que votre compost ne manque d'aucun élément nutritif indispensable, pensez à lui donner des additifs qui l'équilibreront.

Pour un compost plus riche

Apportez les éléments suivants, sans excès cependant :

Les coquilles d'œuf contiennent des éléments intéressants, notamment du magnésium et du soufre. Leur apport au compost améliorera celui-ci et limitera son acidité. Si vous habitez à proximité du littoral, ramassez et broyez des os de seiche. Ils ont la même composition que les coquilles d'œufs mais leur action est plus marquée. Attention toutefois à ne pas en mettre trop, car votre compost s'alcaliniserait peut-être un peu trop.

Les algues marines (le varech), récoltées à marée basse sur les plages, apportent de très nombreux éléments minéraux. Rincez-les durant une nuit dans un baquet d'eau claire pour les débarrasser de leur sel, et incorporez-les sans autre soin. Elles se décomposent vite, à tel point que vous pouvez les employer en paillis pour réaliser un compost en place (voir page 46). (Attention : dans bien des communes littorales, il est interdit d'arracher les algues accrochées au rocher : renseignez-vous en mairie). Les algues d'eau douce que l'on retire au râteau dans les bassins, ainsi que les lentilles d'eau, peuvent être compostées de la même manière. Elles sont loin d'être aussi riches que les algues marines.

Les cendres de bois, à condition d'être tamisées et utilisées fraîches (et

Les cendres de bois sont efficaces lorsqu'elles sont étendues sous forme de poudre, mais on peut aussi les diluer dans l'eau pour en faire un "lait".

LE BON RÉFLEXE

Testez-le pH

Si vous voulez obtenir un compost de compétition, pensez à vérifier qu'il ne soit ni trop acide, ni trop alcalin (on dit aussi "basique"). L'idéal se situe vers 6,5. S'il est très acide (5,5 ou moins), ajoutez davantage de matières alcalines (coquilles, os de seiche, voire chaux). S'il est trop alcalin (7 ou plus), apportez de quoi l'acidifier : tourbe, écorces d'agrumes, soufre en poudre (à très petites doses).
Le pH se teste grâce à des kits que l'on trouve dans toutes les jardineries.

La consoude peut être apportée fraîche ou sèche.

refroidies !), apportent de la potasse ainsi que des minéraux métalliques au compost. N'en abusez pas : 1 kg pour 1 m^3 de matière en décomposition suffit largement. Brassez bien pour faire pénétrer.
Les restes de jardinières ayant accueilli des plantes annuelles peuvent aussi être incorporés au tas, à condition que le contenu soit exempt de maladies contagieuses. Ce terreau appauvri stimulera la décomposition et surtout améliorera sa texture. L'opération vaut surtout pour les terreaux très fibreux (à base de tourbe), et les composts trop compacts.

Feuilles fraîches ou sèches

Certains végétaux peuvent aussi améliorer le compost qui sera obtenu au final. Qu'elles soient sèches ou fraîches, les feuilles se décomposent vite, surtout si elles sont broyées au préalable. Un kilo à l'état frais ou 100 g en poudre suffisent à stimuler le processus de compostage, et ce à une ou deux reprises dans l'année (printemps et automne, par exemple).
L'ortie apporte de l'azote et stimule la dégradation des matières ligneuses (copeaux, branches, feuilles coriaces...).
La consoude apporte de la potasse, ce qui rend le compost plus riche (surtout pour les fruits et légumes, très consommateurs de cet élément).

Les activateurs biologiques

Plus équilibrés et moins violents que les activateurs chimiques, ils améliorent la qualité du compost, accélèrent sa décomposition sans nuire à son équilibre. À utiliser partout lorsque cela est possible.

Du purin, sinon rien

Les purins végétaux, qu'il vaudrait mieux appeler “extraits fermentés” rendent de bons services, grâce à l'azote qu'ils contiennent. Remarquez que ce sont les propriétés fertilisantes des purins végétaux qui nous intéressent. Les extraits fermentés peuvent d'ailleurs être vus comme des composts liquides, pas complètement décomposés mais riches en certains éléments. Le plus important d'entre tous est le purin d'ortie, dont la recette de fabrication est indiquée ci-contre. Il contient surtout de l'azote sous forme organique mais apporte aussi d'autres éléments (en particulier de la potasse et du fer), qui ne pourront qu'enrichir le compost mûr. L'azote du purin agit comme un activateur, mais de façon plus mesurée. Il pallie la “faim d'azote” (voir page précédente), tandis que les autres composés de cet extrait fermenté stimulent la vie microbienne.

Le purin d'ortie n'est pas le seul à pouvoir servir. En réalité, tout purin fait avec des feuilles tendres (d'épinard, de laitue, voire même des tontes de gazon) contient assez de matière pour jouer le même rôle. L'avantage de l'ortie est qu'on en a toujours à portée de main !

L'arrosage du tas avec un purin dilué doit s'accompagner d'un brassage et ne vaut que si le tas contient des matières ligneuses (du bois).

Fabriquer du purin d'orties

1

2

3

1. Cueillez environ 1 kg de feuilles d'orties, dépourvues de graines (elles ne se forment pas avant le mois de juin). Pour atteindre cette quantité, il faut en remplir un plein panier ! Hachez-les grossièrement ou broyez-les à la tondeuse. Placez-les dans un récipient étanche, de préférence en plastique (un baquet de jardin, par exemple).

2. Recouvrez d'eau ce hachis, à raison de 10 litres par kilo d'orties fraîches ou 10 litres d'eau pour 200 g d'orties sèches. Brassez aussitôt pour mouiller toutes les feuilles et laissez reposer à l'ombre, si possible au frais.

3. Brassez le mélange chaque jour. Il peut se mettre à sentir pendant quelques jours en plein été s'il n'est pas couvert. Au bout de quelques jours (15 en hiver, 5 en été), filtrez grossièrement le mélange et stockez-le en bidon. Utilisez-le dilué de préférence, à raison de 1 litre de purin pour 5 litres d'eau.

À consommer avec modération

Comme les activateurs chimiques, les extraits liquides fermentés doivent être incorporés au compost avec parcimonie. Ils ne sont pas toujours indispensables, surtout lorsque le tas est composé de matières peu ligneuses (qu'il ne contient pas beaucoup de bois ou de tiges). De plus, un apport excessif de purin peut asphyxier le cœur du tas et le pousser à fermenter, ce qui est préjudiciable. Limitez les apports à 1 litre d'extrait dilué par mois et par mètre cube. Brassez après épandage.

SOS compost

Vous constatez une odeur désagréable, une texture bizarre, une bestiole indésirable dans le composteur ou vous trouvez tout simplement que cela prend trop de temps ? Voici les réponses aux questions que vous vous posez.

Les problèmes de compostage

Le mélange met trop de temps à se décomposer : les causes peuvent être multiples. Le plus souvent, un compostage trop lent provient d'un manque de brassage, allié à la présence de matières trop dures ou pas assez fragmentées (branches entières, par ex.). Il faut donc s'astreindre à remuer le contenu du composteur aussi souvent que possible. Un petit coup de fourche en passant, ce n'est pas très long ! Les matières dures ne se décomposeront pas plus vite en brassant le tas : il faut les fragmenter, ce qui n'est pas très pratique ni très agréable. Dans ce cas, vous pouvez soit trier les plus grosses, soit essayer de les couper avec un sécateur. Les branches trop nombreuses devront être retirées et remisées ou encore apportées aux déchets verts.

Comment accélérer le processus ? Si le tas comporte des matières ligneuses (à base de bois, comme les branches), un apport de poudre accélératrice ou un purin azoté (voir page 32) accélérera sa décomposition. Mais il faudra surtout, une fois de plus, brasser régulièrement le tas ! De toute façon, même lentement, un compost finit toujours par se décomposer !

Le tas s'effondre : cette évolution est normale. Durant leur décomposition, les matières se fragmentent de plus en plus : un tas de compost mûr ne représente

Compost trop sec.

Compost trop compact.

pas plus de 10 % du volume initial !

Le compost est trop compact : lors que le compost est mûr, il doit normalement se désagréger, et non pas s'agglomérer en morceaux. Cette situation provient du mélange, auquel par exemple on a apporté trop de tontes de gazon, qui se sont transformées en pâte collante, consolidée par l'absence de brassage du tas. La texture coriace n'enlève rien aux qualités nutritives du produit, mais se mélangera moins bien en terre. Employez-le de préférence en paillis ou au fond des gros trous de plantation. Vous pouvez aussi laisser composter à nouveau durant quelques semaines avec un terreau sableux, afin de le forcer à se déliter...

Le compost coule : s'il y a des écoulements à la base du tas, c'est qu'il comporte trop d'eau. Si ce jus s'écoule au pied des plantations, il n'y a rien de grave, car c'est un excellent engrais liquide. Mais s'il se perd dans le sol, c'est une fuite préjudiciable à la qualité du produit fini. Brassez le tas, en y incorporant des matières qui feront éponge : paille, fibre de coco (avec modération), mousse des bois, feuilles sèches, carton ondulé coupé en petits morceaux... Mettez le compost à l'abri des pluies pendant quelque temps avec une bâche ou un couvercle. Tout rentrera dans l'ordre en 15 jours environ.

Un bon compost : fin et grumeleux.

Le compost est trop grossier ou trop fibreux ! C'est tout simplement qu'il n'est pas complètement mûr. Il est probable que trop de matières ligneuses y ont été incorporées et que le tas n'a pas été assez brassé. Si le compost a déjà un peu d'âge, tamisez-le. Rejetez sur du compost en cours de maturation la partie restée dans le tamis.

Quand sait-on que le compost est mûr ? En général, en moins d'un an, le compost n'a pas achevé sa maturation. Prenez une poignée au cœur du tas et examinez-la. Elle ne doit rien sentir, être très noire et très friable. Si vous reconnaissez les composants (bouts de branches, tiges, etc., à l'exception des noyaux et morceaux de coquille d'œuf), c'est que le tas n'est pas mûr. Si en revanche vous distinguez bien des bribes mais sans savoir à quoi ils correspondent, c'est que la décomposition est suffisante.

Nuisances et indésirables

Les limaces : elles adorent les conditions constamment humides et douces du composteur. Les grosses limaces orange en particulier apprécient de se réfugier dans la litière en décomposition, ainsi que dans les angles du composteur. Tant qu'elles ne font qu'y passer, elles ne nuisent pas. Les limaces peuvent en effet se nourrir pendant quelque temps de matières en décomposition. Mais elles peuvent pondre dans le compost : l'infestation est garantie au moment de l'utilisation du compost ! Brassez régulièrement le tas, et éliminez les intruses à l'automne. Elles ne pondent qu'à cette saison.

Les fruits tombés à terre peuvent attirer les rongeurs.

Les mouches : deux cas sont possibles : les grosses mouches vertes (la mouche à viande), ou les minuscules mouches à fruits (les drosophiles). Les premières sont liées à la présence de matières carnées en trop grosses quantités dans le compost. Si le composteur est placé à l'air libre, cette présence est plutôt positive, puisque les larves des mouches prennent le relais des vers décomposeurs. Rien de très ragoûtant, ni de très inquiétant non plus. Les drosophiles, quant à elles, se trouvent surtout dans les composteurs tenus sous abri. Elles se nourrissent des restes de fruits. Elles pullulent et peuvent devenir envahissantes. Du papier collant anti-mouches suspendu à proximité limitera leur nombre. Le meilleur moyen d'éviter les mouches consiste à enfermer le composteur dans une housse de voile, ce qui n'est pas toujours pratique ni totalement efficace de toute façon.

Les rongeurs : mulots et rats se donnent parfois rendez-vous dans les grands composteurs, en toute saison. Ils y trouvent chaleur et nourriture, ce qui entretient toute une colonie. Limitez les restes alimentaires ainsi que tout ce qui peut les nourrir : carottes entières, pommes de terre, etc. La meilleure solution consiste à les pré-composter dans un seau hermétique durant deux semaines, avant de les mettre dans le composteur. Ainsi dégradés, ils n'intéressent plus guère les rongeurs. Remuez très souvent le tas.

Le compost sent mauvais ! Un composteur sentant mauvais est en mauvaise santé. Il faut simplement le brasser, avec vigueur. Les odeurs n'apparaissent qu'en cas de fermentation, lorsque l'air manque. Posez une cheminée d'aération (voir page 26) pour réduire ce problème.

Les champignons : si beaucoup de fumier a été incorporé, de nombreux champignons aux chapeaux coniques vont se manifester : il n'y a pas besoin d'intervenir. Généralement, il est rare de voir leurs chapeaux pointer à travers le tas, peu accueillant pour eux, sauf lorsqu'il contient beaucoup de matières ligneuses (branches, copeaux...). La présence de champignons ne nuit aucunement à la qualité finale du compost. Mais ils peuvent ralentir sa décomposition, par les filaments nombreux qu'ils forment dans le cœur du tas, le rendant en quelque sorte étanche à l'eau. Seule solution dans ce cas : brasser régulièrement et veiller à incorporer une plus grande proportion de matières herbacées (feuilles, etc.).

Le cœur du tas est envahi de moisissure blanche : il s'agit d'un développement excessif de champignons, que l'on voit sous la forme de filaments blanchâtres. Ils forment comme un feutre au cœur du tas et l'empêchent de s'hydrater correctement, d'où cette impression de moisissure. Les champignons s'installent quand le compost est trop sec. Arrosez-le ou exposez-le aux intempéries, en le brassant après chaque grosse pluie. Le processus de décomposition reprendra sur une meilleure voie.

Des champignons du fumier : rien de grave !

Vers blancs : répugnants mais utiles

Si en brassant votre compost vous rencontrez ces gros vers blancs, ne vous inquiétez pas : ce sont des larves de cétoines, des coléoptères dont l'adulte à la magnifique couleur verte se nourrit de pollen. Les larves digèrent le compost, en le triturant et sont donc très utiles à sa maturation. Elles ne s'attaquent jamais aux racines. Autant les laisser se développer à leur aise !

Larve de cétoine.

Cétoine adulte.

Les autres procédés de compostage

Pas de place pour un composteur "classique" de plusieurs centaines de litre, pas de jardin ? Choisissez un plan B, celui qui vous permettra malgré tout de produire votre propre compost, grâce à des méthodes alternatives…

Le lombricompost

Derrière ce mot à rallonge se cache une technique particulière de décomposition : les déchets sont confiés à des vers rouges, qui s'en nourrissent et produisent une matière fertilisante.

Le principe

Le lombricompostage (ou "vermicompostage") est un élevage de vers rouges décomposeurs, qui se nourrissent de matières végétales et produisent une sorte de compost pâteux.
Ce compostage s'effectue sur des plateaux drainants, sur lesquels la matière à décomposer est placée en couche fine d'au moins 10 cm d'épaisseur. Elle doit être constamment maintenue humide. Des vers décomposeurs y sont disséminés, à raison de 100 vers pour 5 kg de matière à décomposer. Le nombre de vers double tous les trois mois, ce qui autorise une montée en charge progressive de la quantité à décomposer. Il est important de ne pas lésiner sur le nombre de vers mobilisés au départ.

Des vers décomposeurs.

L'appareil

Pour être efficace, ce compost ne peut pas s'effectuer à même le sol. Il faut donc construire ou acheter le lombricomposteur. Les modèles du commerce sont vendus fort chers (comptez un minimum de 100 € et souvent bien plus que cela). Nous déconseillons cet achat (sauf dans le cas d'une utilisation en intérieur, voir plus loin), car vous ne rentabiliseriez pas de sitôt votre investissement. Mieux vaut le construire soi-même, selon deux versions :

- **Un empilement de clayettes**, dont le fond est fait de maille plastique de 5 mm de côté (comme celle destinée à protéger du vent). La dernière clayette (celle se situant tout en bas) est pourvue d'un film plastique destiné à récupérer les écoulements. Une clayette en bois n'est pas la meilleure option, car le cadre se gorgera d'eau au fur et à mesure.

- **Une superposition de bacs empilables en plastiques**, hauts de 15 cm environ. La base doit être perforée de trous d'au moins 5 cm de diamètre, effectués avec une scie cloche ou une mèche plate. Recouvrez le fond de la maille indiquée dans le modèle précédent. Le bac du bas, non perforé, doit être pourvu soit d'un petit robinet soit simplement d'un tuyau, afin de recueillir le jus qui s'écoule des bacs supérieurs.

Les lombricomposteurs du commerce comportent au moins deux étages et un système de collecte du "jus".

Comptez au maximum trois plateaux plus un niveau supplémentaire pour le collecteur. Inutile de voir plus grand, à moins que vous ne produisiez beaucoup d'épluchures. D'ailleurs, vous pourrez très bien démarrer avec un seul étage à compost et un étage collecteur (celui du bas). Dans tous les cas, prévoyez un couvercle suffisamment étanche pour ne pas que des mouches à fruits (les minuscules drosophiles) s'y installent. C'est en effet le principal souci des lombricomposteurs que l'on réalise soi-même : ils offrent presque tout le temps refuge à ces bestioles, qui se délectent des matières en décomposition. En extérieur ou dans un abri isolé (garage, remise de jardin...) ou sur un balcon, il n'y a pas de problème. Mais en intérieur (comme dans la cuisine), cela devient un souci. L'indéniable atout des modèles du commerce est qu'ils sont conçus pour parer à cet inconvénient.

Alimenter et optimiser le lombricompost

Les plateaux doivent être alimentés régulièrement mais pas surchargés : un à deux kilos de matière organique par semaine suffisent amplement, car les vers ont des exigences. Ce sont de fines bouches !

Les matières à composter

Les vers rouges ne consomment que des parties tendres, et rien qui ne soit coriace. Aussi ne faudra-t-il apporter que des épluchures et des feuillages tendres, à l'exclusion de toute branche ou partie ligneuse. Les feuillages flétris de salades, les restes de légumes (non cuits), les fruits gâtés peuvent rejoindre le lombricomposteur. Du carton ondulé ou des boîtes à œufs maintiennent le mélange suffisamment aéré. Les restes carnés, les noyaux, la cendre et les feuilles mortes ne doivent pas être incorporés. Évitez aussi les agrumes, dont l'acidité nuit à la bonne production des vers.

La température et l'humidité

Les vers sont très exposés aux températures extrêmes et aux aléas hygrométriques, qui peuvent les tuer s'ils sont trop importants. La température acceptable d'un lombricomposteur se situe entre 5 et 25 °C, l'optimum étant entre 15 et 20 °C. Si le tout venait

À SAVOIR

Et les odeurs ?

Un lombricompostage bien mené ne sent pas (si ce n'est l'odeur d'un composteur classique, lorsqu'on se place juste au-dessus du mélange). Attention toutefois à ne pas y apporter de matières carnées, car elles fermenteraient avant que les vers ne s'en occupent. L'apparition d'odeurs peut aussi provenir d'apports excessifs : les vers ne consomment que la moitié de leur poids chaque jour !

Les pelures d'oignons, les légumes acides et les agrumes sont déconseillés car ils entravent le développement des vers.

à geler, la plupart des vers périraient. En cas de canicule importante (plus de 30 °C), les vers peuvent se mettre en repos mais risquent de souffrir. En tout état de cause, l'activité est interrompue en dessous de 7 °C (environ) et au-delà de 30 °C. Il faut donc placer le lombricomposteur dans un local où la température, pas trop fraîche, varie peu. Un sous-sol chauffé ou un abri de jardin maçonné convient parfaitement.

Côté humidité, les vers n'aiment pas le substrat sec, ni l'eau stagnante. Normalement, il n'est pas besoin d'arroser les matières à décomposer, si le tout est maintenu sous une bâche. L'eau contenue dans les épluchures suffit amplement. Si la couche supérieure se dessèche (formation d'une croûte caparaçonnée), il faut la brumiser. Pour éviter que l'eau ne stagne, veillez à la récupérer régulièrement à l'étage inférieur. Si les vers cherchent à fuir, c'est que le système a un problème : trop d'eau ou pas assez.

On peut bricoler un lombricomposteur à peu de frais, avec des clayettes tapissées d'un fond en plastique à mailles de 5 mm.

Un ver ça va, trois vers...

Les vers rouges (*Eisenia*) ne digèrent pas tous les matières végétales de la même façon. Le plus vorace semble être *E. andrei*, assez courant dans les composteurs. Il est plus tigré que le classique *E. foetida*, mais les deux sont difficiles à distinguer. Les vendeurs de fournitures pour lombricompost ne précisent pas toujours le type de vers qu'ils vous vendent, et il peut y avoir d'autres espèces de vers. En tout état de cause, mieux vaut une population hétérogène. Ainsi en cas de souci, une espèce prendra le relais de l'autre. Si vous ne voulez pas en acheter, il suffit d'aller les chercher dans un tas de compost.

Les vers rouges (Eisenia) sont les principaux acteurs du lombricompostage. Ils ne sont pas ragoûtants mais on ne les voit pas dans le compost : ils s'agglutinent sous les matières détrempées, comme les journaux.

Utilisations et limites du lombricompost

Comme son entretien, la récolte du lombricompost peut être délicate. C'est là l'une des limites de la technique, qui s'ajoute aux autres.

La récolte

Elle s'opère de deux façons :

- **D'abord** en recueillant le jus qui percole à l'étage inférieur du lombricomposteur. Cette mixture peu ragoûtante est assez intéressante sur le plan nutritif, mais il ne faut pas l'utiliser sur les semis et les plantes fragiles. Ce liquide doit reposer pendant quelques semaines dans un bidon (non fermé), le temps d'achever sa maturation. Il s'emploie alors comme un engrais liquide.
- La **seconde façon** de récolter le lombricompost consiste à retirer la couche de matières décomposées, désertées par les vers. Transférez sur un plateau vide la couche supérieure, peu décomposée, contenant les vers. Récupérez le reste de la couche, prêt à l'emploi. Vous alimenterez alors le second plateau (celui que vous avez rempli avec les matières mal décomposées et leurs vers). En vous organisant bien, vous effectuerez une rotation des plateaux, de façon à ce que l'un soit en phase d'alimentation et le dernier en phase de récolte.

Pour récolter, il faut forcer les vers rouges à regagner une partie humide, et récolter ce qui est plus sec.

Si le lombricompost comporte encore des bribes reconnaissables (morceaux de feuilles, épluchures), il doit continuer de mûrir à part, durant quelques semaines. Sinon, employez-le comme du compost classique, au pied des plantations bien établies ou des grosses plantes en pot.

Des inconvénients majeurs

Le lombricompostage n'a pas que des avantages, loin s'en faut. Comme nous l'avons vu, il est très contraignant, parce qu'il s'agit plus d'un élevage que d'une simple activité jardinière. Mais surtout, il n'est pas sûr que le produit obtenu soit de qualité supérieure à ce que l'on récolterait avec un composteur classique. Bien entendu, les vendeurs de lombricomposteur soutiennent l'inverse. Vu le prix de leur matériel, cela se comprend ! L'argument classique consiste à dire qu'un kilo de lombricompost équivaut à 10 kg de fumier de cheval. La comparaison est faussée, car ces 10 kg de fumier de cheval, par compostage classique, donneront aussi 1 kg d'humus ! De plus, on ne compte plus les études scientifiques prouvant que le jus de compost non mature (c'est-à-dire dans lequel la matière organique n'est pas complètement décomposée) est toxique pour les cultures. Par toxique, il faut entendre qui "inhibe" : le jus de compost non mûr, comme celui que produit le lombricompost, peut gêner la croissance des semis et des plantes sensibles. Il est très acide et pas utilisable de suite par les végétaux. C'est le cas de tout extrait de compost qui ne serait pas à maturité complète (le compost est mûr lorsqu'il a une couleur noire, pas d'odeur et qu'on ne peut reconnaître des fragments à l'œil nu).
En cela, le lombricompost n'est pas optimal...

Le lombricompost convient particulièrement bien aux plantes d'intérieur !

À essayer ou pas ?

Très clairement, si vous disposez d'un jardin, même petit, le lombricompostage ne vaut pas la peine.
Par contre, si vous ne disposez que d'un balcon, d'une terrasse, voire seulement d'un peu d'espace en intérieur, le vermicompostage permet de digérer une partie des épluchures. Veillez à bien concevoir l'installation et à prendre le tour de main, le temps d'installer l'élevage.

Le compost en place

Ce procédé très simple consiste à composter les végétaux au pied même des cultures, directement du producteur au consommateur ! Les esthètes devront toutefois s'organiser un peu.

En tranchée

Cette technique s'adresse surtout aux cultures légumières gourmandes cultivées en rang (bettes, choux et cardons, par ex.). Les matières à composter sont enfouies dans un large sillon, profond d'environ 40 cm, et aussi vaste qu'il y a de matière à incorporer. Si vous avez beaucoup de déchets à composter, vous pourrez en emplir une fosse. Lorsque celle-ci est remplie, mieux vaut la couvrir d'un plastique, afin que la décomposition démarre. Brassez régulièrement. Quand les matières commencent à se dégrader de façon significative, couvrez d'au moins 20 cm de terre et installez vos cultures dessus. Cette technique marche bien avec des déchets tendres (épluchures, fruits gâtés, récoltes inutilisées, etc.). La terre s'affaisse là où sont enterrées les matières en décomposition mais le rendement est en général très bon.

Pour se décomposer rapidement, les déchets doivent être hachés menu.

Le "bois raméal fragmenté"

Connu sous l'acronyme BRF, il s'agit tout simplement de branches broyées alors qu'elles sont encore en végétation. On épand une couche épaisse au pied des plantations (au moins 20 cm). Des champignons la colonisent aussitôt et cette litière se décompose, à la façon d'un compost en place. Cette technique très en vogue a tout de même des inconvénients. Elle cause une faim d'azote, puisque la décomposition du carbone contenu dans le bois occasionne une compétition entre les bactéries et les plantes se trouvant à proximité. Au pied des arbustes sensibles, le BRF peut amener des champignons pathogènes, surtout si les plantations sont un peu faibles.

Des pommes tombées avant maturité sont ensevelies en un lit épais, à 30 cm de profondeur.

Le compostage en place, comme un paillis très épais, mène à la création de deux couches : l'une superficielle qui se décompose lentement, et l'autre en dessous, très riche et toujours fraîche.

En place

Ce compostage n'est pas très compliqué et peut même être un peu rudimentaire. Il s'effectue au pied des cultures en place, comme les plantes vivaces gourmandes ou les arbustes. Il revient à confectionner un paillis très épais (au moins 30 cm de haut), mais avec un peu tous les types de déchets classiques que l'on met dans un composteur, coriaces ou pas. Les végétaux doivent être coupés en petits morceaux pour se décomposer assez vite, et il faut prévoir une couche de camouflage afin de limiter l'impact visuel de ce compostage. Comme il est étalé en couches plus larges que hautes, il n'y a aucun problème d'odeurs, même si l'on dépose des restes alimentaires. Pour ces derniers, c'est d'ailleurs une solution qui évite toutes les nuisances, car les restes carnés sont très rapidement dégradés en terre. Le principal avantage tient à la nutrition progressive des végétaux plantés à proximité, dont les racines investiront directement ce compost. De plus, elles auront toujours de la fraîcheur au pied et cela les protège du froid. Au potager, on peut l'envisager au pied des cultures pérennes qui supportent une couche à leur pied, comme les artichauts. Mais des limaces peuvent y passer l'hiver (comme dans tout paillis) et causent alors des problèmes au printemps.

Deux écueils sont à éviter :

- **La “faim d'azote” :** si on dépose trop de végétaux ligneux dans ce compost, le sol sera temporairement appauvri en azote et les plantes risquent d'en souffrir. Veillez à apporter plus de déchets mous que de déchets durs.
- **Les risques de maladies :** le compost en place agissant comme un paillis maintient une humidité permanente qui plaira à la plupart des végétaux. Mais sur les autres, cela entraîne un risque d'infection des racines par des champignons néfastes (en particulier les rosiers hybrides et les érables du Japon). Mélangez-le à de la paille ou à d'autres matières fibreuses.

Le compost à l'étouffée

Vous n'avez pas de composteur, du gazon à arracher ou trop de mauvaises herbes ? Voici une méthode faite pour vous ! Elle donne un produit qui n'est pas optimal mais rend de grands services.

C'est dans le sac !

Le compostage à l'étouffée est le plus expéditif des composts. Glissez simplement dans un sac plastique opaque les végétaux à composter. Contrairement au compostage classique, vous pouvez mettre les plantes avec les racines et même les rhizomes (tiges souterraines). Ainsi les orties, le chiendent et autres pissenlits, qu'il faut éviter de mettre entiers au compost, peuvent se recycler. Ne mettez pas de plantes en graines, ou alors coupez les têtes pleines de semences, car celles-ci ne se dégraderont pas. Le compostage en sac n'est par contre pas très adapté à la décomposition des parties coriaces (branches, feuilles dures) : n'en ajoutez donc pas. Lorsque votre sac est bien rempli, fermez-le mais pas hermétiquement. Un mince filet d'air doit pouvoir s'échapper afin de limiter la fermentation, même si celle-ci est inévitable. Retournez le sac chaque semaine.
Le compost est mûr au bout de six mois. Le produit final n'est pas très engageant, et ressemble à une pâte inodore mais très humide, un peu comme un fumier

Placez les végétaux tendres et sans graines dans un sac. Au bout de 6 mois, vous obtiendrez un compost pas tout à fait mûr mais fertile.

Le “loam” en pratique

1. Placez une bâche opaque large sur le sol. Déposez-y une bonne quantité de morceaux de gazon.

2. Confectionnez un tas bien rangé, en empilant les couches la tête en bas.

3. Bâchez, de façon à maintenir le tout à l'obscurité. Laissez en place pendant plusieurs mois.

à moitié décomposé. Employé au pied des nouvelles plantations, ce fertilisant les dopera, surtout s'il est un peu enterré. Le dernier avantage de ce compostage tient à sa souplesse : vous pouvez n'emplir le sac qu'au fur et à mesure, et ce composteur se cachera n'importe où !

Le loam, un compost de gazon

Cette méthode très particulière est couramment utilisée outre-Manche. Elle y porte le surnom de “loam” (limon) parce que les gazons anglais sont confectionnés sur une couche de limon. Ce compostage fournit non pas un véritable fertilisant mais une terre enrichie, idéale pour confectionner des jardinières ou simplement redonner du punch à une pelouse dégarnie. La décomposition des bribes de gazon mêlées à la terre donne un substrat de bonne qualité, plus fertile que la terre environnante. Elle recycle les morceaux de gazon arrachés à l'occasion de travaux ou de plantation. Si le compostage est effectué sur un film opaque assez fin (comme celui utilisé pour cultiver les fraisiers, par exemple), il sera possible de planter directement dans le tas, en incisant le film et en y creusant des trous de plantation. Les résultats sont souvent très bons, en particulier avec les courges.

Le gazon se décompose sous le couvert du plastique opaque.

Le compostage dans les petits jardins

Lorsqu'on n'a pas beaucoup d'espace, installer un gros composteur est impossible. Ce n'est pas une raison pour se passer de cet amendement idéal. Il suffit de trouver un récipient adapté…

Dans un gros pot

C'est la solution la plus simple : entreposer les matières à composter dans un contenant en plastique, comme ceux dans lequel on conditionne les gros arbustes. Muni de trous de drainage à la base, ce type de récipient offre de bonnes conditions, en évitant que le mélange de matières en décomposition ne s'assèche. Choisissez-le aussi grand que possible : un volume de 10 litres représente un minimum. En deçà, la décomposition ne se déroulerait pas dans de bonnes conditions et de toute façon, le contenant serait si vite rempli que le compostage en perdrait de son intérêt. Il n'y a en revanche pas de limite supérieure : certains conteneurs contiennent plus de 150 litres. Seul leur encombrement peut poser problème. À dimensions égales (50 cm de hauteur pour 50 cm de large, par exemple), un récipient cubique aura un volume supérieur de 33 % à un volume cylindrique. Si vous êtes prêt à opter pour un gros contenant… peut-être aurez-vous un peu de place pour un composteur classique mais de petite taille ?

Une caisse munie d'un couvercle fera aussi l'affaire… En plus, ce composteur à roulettes se range facilement !

Dans le garage, la remise ou la cave, il y a toujours de la place pour un composteur de fortune.

Le compostage en pot doit de toute façon s'effectuer le plus à l'abri possible. En effet, le contenu est sensible aux écarts de températures (chaudes ou froides). Comme il contient moins de matières qu'un composteur classique, il offre moins d'inertie face aux réchauffements brutaux. Exposé à l'air libre en hiver, son contenu serait gelé à plusieurs reprises durant les périodes froides. La décomposition serait bloquée et les vers décomposeurs craignant le gel, le bilan serait très négatif.

Enfin, le composteur en pot doit être abrité de la pluie. Sinon, il s'en écoule un jus certes fertilisant, mais qui risque de poser problème sur un balcon si ce sont les voisins du dessous qui en bénéficient ! Ou alors, placez le pot sur une soucoupe et pensez à la vider périodiquement, au pied des plantes en pot (d'intérieur ou d'extérieur).

Un gros conteneur en plastique offre de bonnes conditions, car il laisse s'écouler les excès d'eau. Il peut se remplir sur place et être stocké à l'abri ensuite.

Une poubelle avec des trous d'aération et de drainage peut suffire.

Le compost, c'est écolo

Saviez-vous que le compostage permet de lutter contre les émissions de gaz à effet de serre, même dans les petits jardins ou sur le balcon ? En effet, composter ses déchets organiques évite de grossir la masse des ordures ménagères, qui sont le plus souvent incinérées (ce qui émet du CO_2) ou enterrées (ce qui émet du méthane, encore plus nocif pour le climat que le CO_2).

Dans un contenant de fortune

À condition de bien préparer les matières à décomposer (choisissez des matières molles, comme des épluchures et des feuillages), le compostage peut s'effectuer dans tout type de récipient assez grand. Une vieille poubelle, une malle plastique, un baquet plastique, etc. peut servir de composteur itinérant. Pensez à forer des trous de drainage au fond. Prenez les mêmes précautions quant à la pluie et autres intempéries que pour le compost en pot.

Un entretien simple mais régulier

Dans un petit contenant, la décomposition se déroule de façon moins homogène que dans un compost de grande taille. Il faut donc remuer souvent le mélange. Avec une griffe à main, brassez le mélange chaque semaine. Il s'agit d'une petite habitude à prendre, à chaque fois que vous arrosez les plantes, par exemple.

Côté alimentation, apportez-y principalement des épluchures, à l'exclusion de déchets carnés ou trop coriaces (morceaux de branches). Quelques feuilles mortes seront les bienvenues.

Récolter et utiliser

Enfin, le compost est prêt, ou presque. Il ne reste plus qu'à l'utiliser un peu partout au jardin. Car si le jeu en vaut la chandelle, ce n'est pas parce que le compost est un fertilisant gratuit. C'est aussi un produit aux nombreuses vertus !

Le bon stade

Ce n'est pas tout d'obtenir du compost ! Encore faut-il l'employer à bon escient, et au bon degré de maturité, sachant qu'il n'est jamais trop tôt !

À quel stade ?

Utilisez votre compost lorsqu'il sera le plus mûr possible. Cela n'arrive généralement pas avant un an, mais c'est à l'œil que l'on repère le bon moment.

Comment reconnaître un compost mûr ? Prenez une poignée de compost dans le creux de votre main et regardez-le attentivement. Si la couleur tire sur le marron clair, que vous apercevez beaucoup de morceaux ou de bribes, il n'est pas mûr. Le compost mature est noir, comporte quelques fragments que l'on ne peut reconnaître qu'à grand-peine. Lorsqu'il n'est plus qu'un amas noir de terreau granuleux, le compost a atteint sa perfection et c'est alors un véritable or noir.

Il est tout à fait possible d'employer un compost pas tout à fait mûr, si vous êtes vraiment à cours d'amendement. Recueillez le compost dans la partie la plus avancée et tamisez-le grossièrement (avec un grillage à poule, par exemple). Rejetez tout ce qui n'est pas passé au tamis dans le composteur et employez le reste.
Ce compost immature n'est pas idéal pour les potées, mais il est très utile pour confectionner un pralin.

Quand l'utiliser ?

Lorsque les besoins sont avérés, au moment des plantations, semis, mise en place de légumes, etc. (voir tableau ci-dessous). Notez

PÉRIODES OPTIMALES D'EMPLOI DU COMPOST

	J	F	M	A	M	J	J	A	S	O	N	D
Potager	jaune	vert	vert	vert	vert	jaune						
Semis	jaune	vert	vert	vert	vert							
Plantation (arbres, arbustes)	vert	vert	vert	jaune					jaune	vert	vert	vert
Plantation (vivaces)		jaune	vert	vert	vert	jaune			jaune	vert	vert	jaune
Fertilisation (rosiers, etc.)	jaune	vert	vert	vert	jaune							
Rempotage			jaune	vert	vert	vert	vert	vert	jaune			

(jaune : possible ; vert : optimal)

Une texture fibreuse ne pose pas de problème particulier.

Garnir de compost le pied d'un rosier récemment planté assure un démarrage vigoureux au mois de mars.

que la période d'emploi idéale d'un compost n'est pas obligatoirement celle de sa récolte. Rien ne vous empêche de récolter votre compost quand vous en avez le temps et qu'il est mûr, pour l'entreposer et l'utiliser au bon moment. Il sera alors prêt à l'emploi.

Rien ne vous empêche de récolter votre compost en hiver ou en automne, s'il est mûr. Tamisez-le et gardez-le en sac, à l'abri du lessivage par les pluies. Le produit ne pourra que se bonifier.

Même s'ils ne semblent pas tout à fait mûrs, ces échantillons de compost peuvent être employés.

Comment l'utiliser ?

La récolte s'effectue en général à la pelle, car le compost se manipule aisément. S'il est très fibreux (présence de branches qui se sont mal décomposées), la fourche sera peut-être plus adaptée. Dans ce cas, un tamisage sera indispensable.

À SAVOIR

La bonne texture

Le meilleur compost aura une texture assez fluide, comparable à un terreau du commerce. Si le vôtre est un peu dense (il forme des plaques), reportez-vous à la page 34. La texture joue sur l'efficacité de cet amendement (plus il est émietté, et plus il agit vite), mais aussi sur sa facilité d'emploi. Difficile d'enfouir des galettes au pied des plantes vivaces ! Un compost qui vous semble trop fibreux ne vous empêche pas de l'employer au pied des plantations : les bribes se décomposeront en terre assez rapidement.

Employé tel quel

Le compost s'emploie le plus souvent à l'état brut, dans de multiples situations. C'est à la fois un fertilisant, un stimulant et un amendement.

Amender

On dit parfois que le compost est un fertilisant. C'est vrai, mais c'est plus que cela. En effet, il modifie aussi les propriétés de la terre, ce qui en fait un amendement. Il donne de la souplesse aux terres argileuses (celles qui sont collantes en hiver et craquelées en été), c'est-à-dire qu'il régule leur tendance à se comporter comme de la "terre à poterie". Il faut, pour améliorer durablement une terre très argileuse, épandre au moins 1 kg de compost par mètre carré pendant 5 ans. À l'échelle microscopique, les particules du compost forcent l'argile (organisée sous forme de "feuillets", invisibles à l'œil nu) à se décompresser. On dit que l'humus "ouvre" les argiles. Autrement dit, le compost transforme une terre asphyxiante en un sol riche et fertile.

Mélanger du compost bien décomposé à la terre au fond d'un trou de plantation augmente les chances de reprise de la plante qui y sera installée.

Dans les terres plus légères, le compost agit davantage comme un fertilisant.
Il n'en est pas moins utile et bénéfique à toutes les cultures. Épandez par exemple 1 kg par mètre carré à la plantation et 1 kg pour 2 m^2 carrés en entretien au pied des plantes gourmandes (rhubarbe, artichauts, pommes de terre, pivoines, etc.). Au pied des arbustes et des jeunes arbres fruitiers, augmentez considérablement la dose. Vous pouvez apporter ainsi jusqu'à deux ou trois seaux de compost au pied d'un pommier planté depuis peu, afin de l'inciter à bien s'installer.

À SAVOIR

Le compost ne suffit pas

L'apport de compost ne vous dispense pas de procéder à une taille correcte : la fertilisation n'est pas tout, encore faut-il bien entretenir les sujets !

Agir contre les carences

Les carences sont les déficiences du sol en éléments minéraux particuliers, comme le fer ou le bore par exemple, qui se traduisent entre autres par des chloroses. En principe, un compost ne comporte pas de carence, s'il a été formé avec des matières variées. L'apport de compost au pied d'une plante carencée (par exemple, une plante au teint jaune en sol très calcaire, qui souffre d'une carence en fer) constitue un remède on ne peut plus naturel. Ce n'est pas toujours suffisant lorsque la plante est très carencée, mais l'action préventive du compost contre les carences est en revanche très intéressante. L'apport de compost doit être renouvelé chaque année afin de lutter contre l'apparition de la chlorose, voire deux fois l'an si la terre est très calcaire (marne ou craie).

Les légumes-racines (pommes de terre, céleri-rave, navets, betteraves, etc.) sont particulièrement gourmands. Pour ceux-ci, l'apport de compost permettra d'obtenir de plus gros légumes, à condition de l'épandre avant la mise en place de la culture pour une meilleure efficacité (voir tableau page 54).

La chlorose ferrique (ici sur un rosier hybride) est combattue soit avec un produit chimique, soit de façon plus naturelle avec un apport massif de compost mûr au pied du rosier.

À SAVOIR

Compost interdit

Quelques rares plantes détestent l'apport de compost, qu'il soit très mûr ou pas. C'est le cas de la quasi-totalité des orchidées, de toutes les plantes carnivores, et de bien des plantes épiphytes (broméliacées, *Anthurium*, etc.).

Bien employer le compost

Le compost est un amendement de premier choix et un fertilisant, mais pas un engrais. Il nourrit la plante en douceur : le compost est un coureur de fond alors que les engrais sont des sprinters !

Quelle est la valeur fertilisante du compost ?

Comparer un produit “maison” avec les engrais chimiques du commerce n’a pas grand intérêt. S’ils sont plus concentrés, ces derniers n’apportent que quelques éléments (parfois, seulement un seul !), alors que le compost en apporte des dizaines ainsi que de l’humus. Les engrais chimiques n’apportent pas non plus la matière organique du compost, qui stimule la vie du sol, pas plus qu’ils ne comportent de micro-organismes, alors que le compost en regorge. De plus, il n’y a aucun risque de surdose ni de pollution avec le compost domestique !

On ne peut donc assimiler le compost à un engrais mais plus vaguement à un fertilisant, qui évite les carences et améliore la structure du sol (voir les pages précédentes).
Il n’existe pas de risque de surdosage avec le compost. Sachez simplement qu’il comporte un peu plus d’azote que de phosphore ou de potassium. Ainsi, si vous employez à grande échelle sur une culture de légumes, il faudra penser à apporter un peu de potasse organique à ceux-ci. Ils ont en effet besoin de plus de potasse que d’azote. La dose exacte de potasse à apporter dépend des conditions. Il faudra donc adapter la ration, un peu à l’intuition.

En terre argileuse, les plantations légumières et ornementales se porteront bien mieux grâce au compost, qui décompacte le sol naturellement et en douceur !

Adapter la texture

Dans la plupart des cas, le compost pourra être utilisé à l'état pur, tamisé ou pas. Cependant, la texture n'est pas forcément optimale pour toutes les cultures. Il sera par exemple préférable de le mélanger à des éléments filtrants (de la terre sableuse, de la vermiculite, etc.) s'il doit être apporté à des plantes craignant l'humidité stagnante au pied. Le compost a tendance à beaucoup retenir l'eau et il se comporte alors comme une éponge. Dans tous les cas, il faut l'incorporer au sol par un coup de griffe et non pas le laisser en couche épaisse. Vous éviterez la formation d'une croûte sèche en été.

Stockage longue durée

Vous n'êtes bien sûr pas obligé d'utiliser le compost dès qu'il est mûr. Il pourra attendre aussi longtemps que nécessaire dans un contenant sans perdre ses qualités, tant qu'aucune plante n'y plonge ses racines. Un compost vieux de plusieurs années, s'il n'a pas été lessivé par les pluies, possède normalement les mêmes vertus nutritives qu'un jeune compost.

Bien nourrir les potées

Le compost se prête particulièrement bien à une utilisation en pot. Les racines des plantes s'y développent rapidement et les végétaux y puisent ce dont ils ont besoin. Attention toutefois à la texture du compost. Il doit être tout à fait mûr, et si possible mélangé à une autre matière qui lui donnera de la porosité. Le compost "domestique" retient beaucoup l'eau, ce qui a tendance à nuire aux plantes en pot : en surface, le mélange paraît sec alors qu'au fond du pot, il est très humide. Les plantes prennent un teint jaunâtre, lié à l'excès d'eau, et qu'on appelle "chlorose humide". Pour les plantes de sol humide, comme les papyrus, les joncs ; les acores, etc., le compost peut être utilisé pur. Mais pour les autres, il faudra le mêler à de la tourbe, de la fibre de coco ou des billes d'argile (à raison d'un tiers d'élément drainant pour deux tiers de compost).

Les plantes de jardinières, très gourmandes, apprécieront de pousser dans le compost.

Les dérivés du compost

Le compost fournit deux utilisations particulièrement intéressantes pour le jardinier amateur : un extrait liquide, agissant de façon préventive contre les maladies et le pralin, indispensable à la bonne reprise des arbustes.

En purin

Il est tout à fait possible de fabriquer un extrait liquide à partir d'un compost très mûr. Son intérêt tient bien sûr à ses qualités nutritives, puisqu'on obtient là un jus fertilisant riche en une foule d'éléments. Mais plusieurs études indépendantes ont montré que le jus de purin avait surtout une action contre plusieurs maladies des plantes. En particulier, la pulvérisation de jus de compost sur les feuilles réduit les attaques de champignons néfastes (mildiou, oïdium, fonte des semis, etc.). La raison tient à ce que l'extrait de compost contient une somme de micro-organismes, qui une fois pulvérisés sur la feuille, vont occuper le terrain. Inoffensifs pour la plante, ils empêchent que d'autres, nocifs, ne prennent la place.

Placez du compost bien mûr dans un morceau de toile de jute (ou de moustiquaire) et fermez le tout.

Placez le sac de compost dans un grand baquet d'eau, et laissez infuser longtemps (au moins 3 jours).

Pour réaliser cet extrait, prenez environ 1 kg de compost, que vous placerez dans un filet à mailles fines, dans un baquet plastique, avec 10 litres d'eau fraîche et claire. Laissez le tout macérer pendant environ 3 jours. Le jus doit avoir l'aspect d'un thé très infusé. Certains préconisent, pour plus d'efficacité, d'aérer le liquide avec un bulleur comme ceux que l'on utilise dans les aquariums. Ce jus se pulvérise tel quel, et agit uniquement à titre préventif.
Il se conserve durant plusieurs mois dans des bidons gardés au frais et à l'abri de la lumière.

Le pralin est un assemblage d'eau, de terre un peu argileuse et de compost tamisé. On y trempe les racines afin de les napper de ce mélange onctueux. Reprise assurée !

En pralin

Le compost offre aussi la possibilité de confectionner un pralin, c'est-à-dire un nappage pour racines très efficace. L'affaire est un peu salissante mais le résultat est très efficace. Dans un baquet, mélangez 5 kg de terre de jardin un peu argileuse (mais pas trop), à 5 litres d'eau et 2 kg de compost mûr tamisé. Remuez jusqu'à obtenir une pâte onctueuse, en rajoutant de l'eau s'il le faut. Trempez dedans les mottes et les racines des sujets à planter, de façon à ce que les racines en soient complètement recouvertes. Placez de suite en terre. La reprise intervient dans l'immense majorité des cas ; si le plant ne reprend pas, c'est qu'il était de mauvaise qualité ou qu'il a été planté à la mauvaise époque. En dehors de ces cas, le pralinage au compost vous garantit une reprise à 100 % des rosiers, arbustes et arbres plantés à racines nues.

Le pralin, une fois composé, ne se stocke normalement pas plus de 15 jours. Si vous en avez besoin à une époque ultérieure, mieux vaut réaliser le mélange terre + compost, et garder cet assemblage dans un sac, pour le diluer au dernier moment.

Employer le compost pour les semis

Bien mûr et tamisé, il constitue un substrat de choix, à condition de l'alléger avec un élément filtrant pour ne pas étouffer les graines.

Mode d'emploi

Commencez par tamiser finement le compost, par exemple sur une maille de 5 mm de côté. Rejetez sur le tas de compost ce qui n'est pas passé à travers le tamis. Mélangez ensuite le compost à un élément drainant, comme du sable grossier, à parts égales.
Le compost doit être propre, c'est-à-dire indemne de graines (voir ci-dessous), mais aussi de substances toxiques (voir ci-contre).

Enfournez et semez

Le plus grand inconvénient du compost, lorsqu'on l'emploie comme support de semis, ce sont les mauvaises herbes qu'il contient sous forme de graines. Même lorsqu'on a été très soigneux, en évitant d'incorporer au tas toute plante en graines, il se trouve toujours à intérieur du compost des semences endormies. Amenées par le vent, les fruits jetés (tomates par exemple) ou les animaux fréquentant le compost, ces intruses peuvent ruiner un semis en supplantant les "bonnes graines", qui germent souvent plus lentement que les mauvaises herbes. Trois solutions s'offrent alors à vous :

Une jeune plantule d'ortie, à arracher de suite !

Tamisez le compost avant emploi dans le cas d'un semis.

Un bon compost ne doit pas être toxique pour les plantules.

Mélangez-le à du sable ou à un autre élément drainant (vermiculite, perlite...) à parts égales : le mélange est prêt à l'emploi.

Stériliser le compost tamisé, en le traitant au four à micro-ondes 5 à 10 min (pleine puissance). L'inconvénient est que les micro-organismes bénéfiques périront aussi. Ce traitement radical est très efficace contre les levées inopportunes.

Prétraiter le compost comme s'il était semé : les mauvaises herbes germent et il n'y a plus qu'à les enlever. Cette technique élimine une partie des graines indésirables, et il n'y a plus qu'à effectuer le "vrai" semis par-dessus.

Désherber à la main, ce qui suppose de savoir reconnaître les plantules dès leur plus jeune stade. C'est une méthode infaillible, mais réservée aux jardiniers avertis car elle exige un œil exercé.

Semis : gare à la toxicité !

Le compost non mûr peut être toxique sur les semis. En effet, tant que le processus de décomposition n'est pas achevé, il reste dans le mélange des substances qui inhibent le développement des plantules. Elles sont de deux types : soit elles bloquent temporairement la germination, soit elles intoxiquent la plantule. Dans le premier cas, seul le temps est perdu : le compost finit par mûrir dans le pot de semis et la graine peut germer, libérée de ses inhibiteurs. Dans le second cas, c'est plus grave. Lorsque le compost comporte des substances toxiques, il nuit à la bonne santé des plantules, très fragiles. Pour cette raison, il ne faut employer que du compost très mûr, et jamais pur, pour les semis. Certains le déconseillent mais en fait, la parade est simple. Il suffit de faire germer quelques graines de pois sur un échantillon de compost. Si les plantules sont normales, c'est qu'il n'est pas toxique.
Sur les boutures, le compost peut favoriser l'émission de racines, aussi efficacement que des hormones d'enracinement. Ce fait, observé empiriquement, n'a pas encore été explicité par les agronomes. C'est particulièrement vrai pour les boutures d'arbustes (hortensias par exemple), mais contre-indiqué pour les plantes à tiges très fragiles (Impatiens, Kalanchoe...).
À tester !

L'essentiel d'un bon

① Choisir un composteur pratique

Mieux vaut un récipient plutôt qu'un compost fait en tas à même le sol, car il se dessèche en surface. Le composteur doit être accessible et surtout permettre de retourner le contenu sans trop de peine. Il doit être assez vaste : un volume de 300 l pour un jardin de 500 m² est un minimum, car on peut y mettre les feuilles mortes en automne.

② Couper les matières à composter aussi finement que possible

Les grosses branches ou les gros morceaux se décomposent lentement et mal. Broyez-les afin d'en hâter la transformation en compost, avec un broyeur de jardin par exemple. Sinon, tronçonnez-les au sécateur. Plus les tiges et les matières dures seront ainsi découpées, mieux ce sera.

③ Équilibrer les apports

N'apportez pas qu'un seul type de déchets au composteur. Plus les matières seront variées et plus le compost aura une texture fine et un pouvoir fertilisant important. Les matières vertes (tontes de gazon, épluchures…) doivent être équilibrées avec des matières dures (tiges broyées, branches morcelées).

④ Trier le bon du mauvais

Toutes les matières organiques peuvent se transformer mais elles ne sont pas toutes recommandées dans un composteur. Les os et le bois en trop grande quantité ne s'y décomposeront pas. Les matières carnées doivent être apportées en petites quantités. Ce qui ne peut se décomposer (plastiques, métal, etc.) ne doit pas y être incorporé.

⑤ Ne pas lésiner sur les quantités

Un kilo de compost s'obtient avec 10 à 20 kilos de matières fraîches. Il faut donc beaucoup de matières fraîches pour obtenir un volume de compost intéressant.